An

Wondrous
Moment

For Lena

Table of Contents

Alexander Pushkin

Selected Poetry

1814-1834

К Наташе

Вянет, вянет лето красно;
Улетают ясны дни;
Стелется туман ненастный
Ночи в дремлющей тени;
Опустели злачны нивы,
Хладен ручеек игривый;
Лес кудрявый поседел;
Свод небесный побледнел.

Свет Наташа! где ты ныне?
Что никто тебя не зрит?
Иль не хочешь час единый
С другом сердца разделить?
Ни над озером волнистым,
Ни под кровом лип душистым
Ранней — позднею порой
Не встречаюсь я с тобой.

Скоро, скоро холод зимный
Рощу, поле посетит;
Огонек в лачужке дымной
Скоро ярко заблестит;
Не увижу я прелестной
И, как чижик в клетке тесной,
Дома буду горевать
И Наташу вспоминать.

1814

To Natasha

The crimson summer now grows pale;
Clear, bright days now soar away;
Hazy mist spreads through the vale,
As the sleeping night turns gray;
The barren cornfields lose their gold;
The lively stream has now turned cold;
The curly woods are gray and stark,
And the heavens have grown dark.

Where are you, my light, Natasha?
No one's seen you, - I lament.
Don't you want to share the passion
Of this moment with a friend?
You have not yet met with me
By the pond, or by our tree,
Though the season has turned late,
We have not yet had a date.

Winter's cold will soon arrive
Fields will freeze with frost, so bitter.
In the smoky shack, a light,
Soon enough, will shine and glitter.
I won't see my love, - I'll rage
Like a finch, inside a cage,
And at home, depressed and dazed,
I'll recall Natasha's grace.

1814

Старик

Уж я не тот любовник страстный,
Кому дивился прежде свет:
Моя весна и лето красно
Навек прошли, пропал и след.
Амур, бог возраста младого!
Я твой служитель верный был;
Ах, если б мог родиться снова,
Уж так ли б я тебе служил!

1814-1815

Old man

I'm not that lover, filled with passion, -
That youth, who left the world amazed:
Alas, my spring and summer passed now,
And didn't leave a single trace.
Cupid, the god of youth and love and virtue!
I used to be your steadfast servant;
Oh, if I could be reborn, - I'd serve you
Even more passionate and fervent!

1814-1815

Любопытный

— Что ж нового? «Ей-богу, ничего».
— Эй, не хитри: ты верно что-то знаешь.
Не стыдно ли, от друга своего,
Как от врага, ты вечно все скрываешь.
Иль ты сердит: помилуй, брат, за что?
Не будь упрям: скажи ты мне хоть слово...
«Ох! отвяжись, я знаю только то,
Что ты дурак, да это уж не ново».

1814-1816

Curious

--What's new? "I tell you, nothing whatsoever."
--Don't fool with me: you're hiding it, I know.
Oh, don't you feel ashamed, you think you're clever
To hide the news from me like from a foe?
Oh, tell me, brother, why? Inform me, I insist!
Don't be so stubborn, give me just a clue...
"Oh, let me be, the only thing I know is this -
That you're a fool, but that is nothing new."

1814-1816

Друзьям

Богами вам еще даны
Златые дни, златые ночи,
И томных дев устремлены
На вас внимательные очи.
Играйте, пойте, о друзья!
Утратьте вечер скоротечный;
И вашей радости беспечной
Сквозь слезы улыбнуся я.

1816

To my friends

Your gods continue to endow you
With golden days and clear blue skies,
And those neglected ladies love you,
And watch you with attentive eyes.
Play on, sing on, while you are blessed!
Get lost in the ephemeral night;
Through tears, I smile at the sight
Of your light-hearted happiness.

1816

Желание

Медлительно влекутся дни мои,
И каждый миг в унылом сердце множит
Все горести несчастливой любви
И все мечты безумия тревожит.
Но я молчу; не слышен ропот мой;
Я слезы лью; мне слезы утешенье;
Моя душа, плененная тоской,
В них горькое находит наслажденье.
О жизни час! лети, не жаль тебя,
Исчезни в тьме, пустое привиденье;
Мне дорого любви моей мученье –
Пускай умру, но пусть умру любя!

1816

A wish

My days still linger, slow and rough,
Each moment multiplies the sadness
Within the heart of hapless love
And drives my yearning into madness.
I'm silent; I don't dare to breathe.
I weep, my tears are my salvation.
My soul, held captive in this grief,
In tears alone finds consolation.
No longer do I care if life goes by,
Its empty ghost will lastly set me free;
The sorrow of my love is dear to me--
If I die loving, then I pray let die!

1816

Экспромт на Огареву

В молчаньи пред тобой сижу.
Напрасно чувствую мученье,
Напрасно на тебя гляжу:
Того уж верно не скажу,
Что говорит воображенье.

1816

Impromptu on Ogareva

Before you, silently I sway.
I feel so anxious when you're near me,
In vain, I cast a glance your way:
I'm sure that I will never say,
What I'm imagining so freely.

1816

К ***

Не спрашивай, за чем унылой думой
Среди забав я часто омрачен,
За чем на всё подъемлю взор угрюмый,
За чем не мил мне сладкой жизни сон;

Не спрашивай, за чем душой остылой
Я разлюбил веселую любовь
И никого не называю *милой* –
Кто раз любил, уж не полюбит вновь;

Кто счастье знал, уж не узнает счастья.
На краткой миг блаженство нам дано:
От юности, от нег и сладострастья
Останется уныние одно...

1817

To ***

Don't ask me why, alone in dismal thought,
In times of mirth, I'm often filled with strife,
And why my weary stare is so distraught,
And why I don't enjoy the dream of life;

Don't ask me why my happiness has perished,
Why I don't love the love that pleased me then,
No longer can I call someone *my cherished*--
Who once felt love will never love again;

Who once felt bliss, no more will feel its essence,
A moment's happiness is all that we receive:
From youth, prosperity and joyful pleasance,
All that is left is apathy and grief...

1817

Она

«Печален ты; признайся, что с тобой».
— Люблю, мой друг! — «Но кто ж тебя пленила?»
— Она. — «Да кто ж? Глицера ль, Хлоя, Лила?»
— О, нет! — «Кому ж ты жертвуешь душой?»
— Ах! *ей!* — «Ты скромен, друг сердечный!
Но почему ж ты столько огорчен?
И кто виной? Супруг, отец, конечно...»
— Не то, мой друг! — «Но что ж?» — Я *ей* не *он.*

1817

She

"Confess to me, what's wrong. You're in dejection."
- I love, my friend! - "Which lady holds you captive?"
- She does. - "Glisera? Chloe? Lila's so attractive!"
- O, no! - "To whom do you submit your soul's affection?"
- To *her*! - "You're humble! Why all this remorse?
Why do you seem so sorrowful and grim?
And who's to blame? Her fiancé, her dad, of course..."
- It isn't that! - "Then what?" - For *her*, I can't be *him*.

1817

К Чаадаеву

Любви, надежды, тихой славы
Недолго нежил нас обман,
Исчезли юные забавы,
Как сон, как утренний туман;
Но в нас горит еще желанье,
Под гнетом власти роковой
Нетерпеливою душой
Отчизны внемлем призыванье.
Мы ждем с томленьем упованья
Минуты вольности святой,
Как ждет любовник молодой
Минуты верного свиданья.
Пока свободою горим,
Пока сердца для чести живы,
Мой друг, отчизне посвятим
Души прекрасные порывы!
Товарищ, верь: взойдет она,
Звезда пленительного счастья,
Россия вспрянет ото сна,
И на обломках самовластья
Напишут наши имена!

1818

To Chadaev

The lies of fame and love's resolve
Have vanished now without a trace,
Our youthful passions have dissolved
As though a dream or morning haze.
Yet, still, we're burning with desire,
And with impatience in our souls,
Beneath the yoke of strength and fire,
We hark our country's pleading calls.
In expectation, full of ardor,
The day of freedom we await, --
Thus waits a youthful, eager lover
The moment of the promised date.
And whilst with liberty we burn,
And whilst our hearts adore ovation,
Our country needs us, - let us turn
And dedicate our soul's elation.
My friend, believe me that with thunder,
The star of joy will rise again!
And Russia will arise from slumber,
Our names will be incised with wonder
On remnants of oppressive reign!

1818

Лиле

Лила, Лила! я страдаю
Безотрадною тоской,
Я томлюсь, я умираю,
Гасну пламенной душой;
Но любовь моя напрасна:
Ты смеешься надо мной.
Смейся, Лила: ты прекрасна
И бесчувственной красой.

1819

To Lily

Lily, Lily! I am sighing
With despair and hopeless woe.
I'm tormented and I'm dying,
And my soul has lost its glow,
But my love evoked no pity:
You consider me pathetic.
Keep on laughing: you are pretty
Even when unsympathetic.

1819

К ***

Зачем безвремянную скуку
Зловещей думою питать,
И неизбежную разлуку
В уныньи робком ожидать?
И так уж близок день страданья!
Один, в тиши пустых полей,
Ты будешь звать воспоминанья
Потерянных тобою дней!
Тогда изгнаньем и могилой,
Несчастный! будешь ты готов
Купить хоть слово девы милой,
Хоть легкий шум ее шагов.

1820

To ***

Why feed the early signs of boredom
With sinister and dismal thought,
And wait for separation, burdened
With sorrow, lonesome and distraught?
The day of grief is close at hand!
You'll stand, alone, out in the sun,
And try to bring back once again
These days, but they will long be gone.
Misfortunate! then, you'll be ready
To die in exile, on the street,
If you could only see your lady,
Or hear the shuffle of her feet.

1820

***

Я пережил свои желанья,
Я разлюбил свои мечты;
Остались мне одни страданья,
Плоды сердечной пустоты.

Под бурями судьбы жестокой
Увял цветущий мой венец –
Живу печальный, одинокой,
И жду: придет ли мой конец?

Так, поздним хладом пораженный,
Как бури слышен зимний свист,
Один - на ветке обнаженной
Трепещет запоздалый лист!...

1821

***

I've lived to see desire vanish,
With hope I've slowly come to part,
And I am left with only anguish,
The fruit of emptiness at heart.

Under the storms of merciless fate,
My worn and withered garland lies--
In sadness, lonesome, I await:
How far away is my demise?

Thus, conquered by a tardy frost,
Through gale's whistling and shimmer,
Late, on a naked limb exposed
A lonesome leaf is left to quiver!...

1821

***

Умолкну скоро я!... Но если в день печали
Задумчивой игрой мне струны отвечали;
Но если юноши, внимая молча мне,
Дивились долгому любви моей мученью:
Но если ты сама, предавшись умиленью,
Печальные стихи твердила в тишине
И сердца моего язык любила страстный...
Но если я любим... позволь, о милый друг,
Позволь одушевить прощальный лиры звук
Заветным именем любовницы прекрасной!...
Когда меня навек обымет смертный сон,
Над урною моей промолви с умиленьем:
"Он мною был любим, он мне был одолжен
И песен и любви последним вдохновеньем."

1821

***

I will be silenced soon!... If on the tragic day,
The strings would pensively begin to play;
If adolescents, sitting quietly, immersed,
Began to marvel at my passion's madness;
If only you, surrendering to sadness,
In silence mumbled melancholy verse
And loved the way my ardent heart had flamed...
If I'm still loved... allow me, my dear friend,
To reawake the lyre with my hand
And make it ring out with my lover's name!...
The day I find eternal rest, you'll pause
Over my grave and say with trepidation:
"I used to loved him, and with that I caused
His songs and love, - his final inspiration.

1821

***

В твою светлицу, друг мой нежный,
Я прихожу в последний раз.
Любви счастливой, безмятежной
Делю с тобой последний час.
Вперед одна в надежде томной
Не жди меня средь ночи темной,
До первых утренних лучей
       Не жги свечей.

1821

***

This time's the final time, my friend,
I enter through your door.
Love's quiet hour has been spent
And now, there is no more.
Don't wait for me all night and mope,
Held captive by the deceitful hope,
Don't burn your candles, in a daze,
                    Til morning rays.

1821

***

Мой друг, забыты мной следы минувших лет
И младости моей мятежное теченье.
Не спрашивай меня о том, чего уж нет,
Что было мне дано в печаль и в наслажденье,
     Что я любил, что изменило мне.
Пускай я радости вкушаю не в полне:
Но ты, невинная, ты рождена для счастья.
Беспечно верь ему, летучий миг лови:
Душа твоя жива для дружбы, для любви,
     Для поцелуев сладострастья:
Душа твоя чиста; унынье чуждо ей;
Светла, как ясный день, младенческая совесть.
К чему тебе внимать безумства и страстей
     Не занимательную повесть?
Она твой тихий ум невольно возмутит;
Ты слезы будешь лить, ты сердцем содрогнешься:
Доверчивой души беспечность улетит.
И ты моей любви... быть может ужаснешься.
Быть может, навсегда... Нет, милая моя,
Лишиться я боюсь последних наслаждений.
Не требуй от меня опасных откровений:
Сегодня я люблю, сегодня счастлив я.

1821

***

My friend, I have forgotten all that's passed,
The passion of my youth was rather brief.
Don't ask about the things that didn't last,
Or how I felt in the times of joy or grief,
       Or what I loved, or how I was betrayed.
I may not know true happiness today:
But you are innocent, conceived for only bliss,
Believe in it and seize each moment's portion
Your soul was made for friendship and devotion,
       To feel the passion of a kiss.
Your soul is pure and unexposed to sadness
Your conscience is still clear, like light of day,
Why listen to the lunacy and madness
       Of all of my uninteresting hearsay?
It will replace your peaceful thoughts with stress,
Your heart will tremble, you will cry in bed,
Your soul will lose its trust in its distress,
Perhaps, my love will fill you with regret.
Who knows? perhaps forever... No, my dear,
I fear to cast my final happiness away
Don't ask for dangerous confessions here,
       Today I love, I'm happy for today.

1821

Десятая заповедь

Добра чужого не желать
Ты, боже, мне повелеваешь:
Но меру сил моих ты знаешь —
Мне ль нежным чувством управлять?
Обидеть друга не желаю,
И не хочу его села,
Не нужно мне его вола,
На всё спокойно я взираю:
Ни дом его, ни скот, ни раб,
Не лестна мне вся благостыня.
Но ежели его рабыня,
Прелестна... Господи! я слаб!
И ежели его подруга
Мила, как ангел во плоти, -
О боже праведный! прости
Мне зависть ко блаженству друга.
Кто сердцем мог повелевать?
Кто раб усилий бесполезных?
Как можно не любить любезных?
Как райских благ не пожелать?
Смотрю, томлюся и вздыхаю,
Но строгий долг умею чтить,
Страшусь желаньям сердца льстить,
Молчу... и втайне я страдаю.

1821

The Tenth Commandment

Don't covet goods of other beings -
My Goodness, You've commanded so;
The limits of my will You know -
Am I to manage tender feelings?
I wish not to offend my friend.
His village I do not desire,
And for his steer I don't aspire,
I'm gazing at it all, content:
His men, his house and his cattle, -
I do not wish them to be mine.
Supposing, though, his concubine
Is beautiful... I've lost the battle!
And if by chance his lady's pretty
And gifted with an angel's skin
Then God forgive me for my sin
Of being envious and greedy!
Who can command a heart like this?
Who is a slave to worthless trial?
Not love a loved one in denial?!--
Who can resist this heaven's bliss?
I sigh from sadness and perceive,
But I must honor my conviction,
Scared to fulfill my heart's ambition,
I'm silent... and alone I grieve.

1821

Узник

Сижу за решеткой в темнице сырой.
Вскормленный в неволе орел молодой,
Мой грустный товарищ, махая крылом,
Кровавую пищу клюет под окном,
Клюет, и бросает, и смотрит в окно,
Как будто со мною задумал одно.
Зовет меня взглядом и криком своим
И вымолвить хочет: «Давай улетим!
Мы вольные птицы; пора, брат, пора!
Туда, где за тучей белеет гора,
Туда, где синеют морские края,
Туда, где гуляем лишь ветер... да я!...»

1822

The Captive

Trapped behind bars, in dampness I dwell.
A young-hearted eagle brought up in a cell,
My dejected companion, under the frame,
Continues to peck at the red, bloody game,
He pecks at it, flings it and then, looks outside,
As if we have reached a consensus by sight.
He summons me then with a look and a cry, -
He wants to pronounce: «Away, let us fly!
We're born to be free, let's leave, friend, it's time!
Where, through the clouds, the mountains shine,
Where azure seas rush to merge with the sky,
Where only the wind dares to wander....and I!...»

1822

***

Лизе страшно полюбить.
Полно, нет ли тут обмана?
Берегитесь — может быть,
Эта новая Диана
Притаила нежну страсть —
И стыдливыми глазами
Ищет робко между вами,
Кто бы ей помог упасть.

1824

***

Lisa is afraid to love.
Nonsense, -- that is not her manner!
Careful – what if it's a bluff
And perhaps this new Diana
Has repressed her passion's call—
And with shameful, glowing eyes
Walks among us in disguise,
Looking just for whom to fall.

1824

***

Все кончено: меж нами связи нет.
В последний раз обняв твои колени,
Произносил я горестные пени.
Все кончено — я слышу твой ответ.
Обманывать себя не стану вновь,
Тебя тоской преследовать не буду,
Прошедшее, быть может, позабуду —
Не для меня сотворена любовь.
Ты молода: душа твоя прекрасна,
И многими любима будешь ты.

1824

***

All's finished: you and I are fractured.
I sang my songs of sorrow line by line
As I embraced your knees the final time.
All's finished now – I heeded your reaction.
It's done. I won't deceive myself again.
I won't pursue you, full of grief and woe.
Perhaps, one day, I'll learn to let you go.
It's clear that love was made for other men.
You're still so young: Your soul is beautiful
And many men will love you after me.

1824

Движение

Движенья нет, сказал мудрец брадатый.
Другой смолчал и стал пред ним ходить.
Сильнее бы не мог он возразить;
Хвалили все ответ замысловатый.
Но, господа, забавный случай сей
Другой пример на память мне приводит:
Ведь каждый день пред нами солнце ходит,
Однако ж прав упрямый Галилей.

1825

Motion

One bearded sage concluded: there's no motion.
Without a word, another walked before him.
He couldn't answer better; all adored him
And all agreed that he disproved that notion.
But one can see it all in a different light,
For me, another funny thought comes into play:
We watch the sun move all throughout the day
And yet the stubborn Galileo had it right.

1825

К ***

Я помню чудное мгновенье:
Передо мной явилась ты,
Как мимолетное виденье,
Как гений чистой красоты.

В томленьх грусти безнадежной
В тревогах шумной суеты
Звучал мне долго голос нежный
И снились милые черты.

Шли годы. Бурь порыв мятежной
Рассеял прежние мечты,
И я забыл твой голос нежный,
Твой небесные черты.

В глуши, во мраке заточенья
Тянулись тихо дни мои
Без божества, без вдохновенья,
Без слез, без жизни, без любви.

Душе настало пробужденье:
И вот опять явилась ты,
Как милолетное виденье,
Как гений чистой красоты.

И сердце бьется в упоенье,
И для него воскресли вновь
И божество, и вдохновенье,
И жизнь, и слезы, и любовь.

1825

To ***

I still recall the wondrous moment:
When you appeared before my sight
As though a brief and fleeting omen,
Pure phantom in enchanting light.

In sorrow, when I felt unwell,
Caught in the bustle, in a daze,
I fell under your voice's spell
And dreamt the features of your face.

Years passed and gales had dispelled
My former hopes, and in those days,
I lost your voice's sacred spell,
The holy features of your face.

Detained in darkness, isolation,
My days began to drag in strife.
Without faith and inspiration,
Without tears, and love and life.

My soul attained its waking moment:
You re-appeared before my sight,
As though a brief and fleeting omen,
Pure phantom in enchanting light.

And now, my heart, with fascination,
Beats rapidly and finds revived
Devout faith and inspiration,
And tender tears and love and life.

1825

***

О муза пламенной сатиры!
Приди на мой призывный клич!
Не нужно мне гремящей лиры,
Вручи мне Ювеналов бич!
Не подражателям холодным,
Не переводчикам голодным,
Не безответным рифмачам
Готовлю язвы эпиграм!
Мир вам, несчастные поэты,
Мир вам, журнальные клевреты,
Мир вам, смиренные глупцы!
А вы, ребята подлецы, -
Вперед! Всю вашу сволочь буду
Я мучить казнию стыда!
Но, если же кого забуду,
Прошу напомнить, господа!
О, сколько лиц бесстыдно-бледных,
О, сколько лбов широко-медных
Готовы от меня принять
Неизгладимую печать!

1825

***

Oh blazing Muse of pure satire!
Come forth on my inviting call!
I do not need the thundering lyre,
Give me the scourge of Juvenal!
And neither lifeless imitators
Nor hungry, gluttonous translators,
Nor rhymesters, unsatisfied ,
Shall fester from my pen tonight.
Peace to the poets, poor creators,
Peace to the journal's adulators,
Peace to the fools who have been tamed!
But rascals, you I'll put to shame,--
Come forth you villains, don't resist!
And everyone I'll punished then
But if by chance one I shall miss,
Please do remind me, gentlemen!
How many faces -- shameless-pale,
How many forehands -- dull and stale,
All stand here, ready to acquire
The timeless imprint of my lyre!

1825

***

Если жизнь тебя обманет,
Не печалься, не сердись!
В день уныния смирись:
День веселья, верь, настанет.

Сердце в будущем живет;
Настоящее уныло:
Всё мгновенно, всё пройдет;
Что пройдет, то будет мило.

1825

***

If you were deceived by life,
Don't feel dismal, don't get mad!
Be at ease and don't feel sad:
The days of joy will soon arrive!

The heart can't wait for this to pass;
The present is depressing here:
All is fleeting rather fast;
That which passes will be dear.

1825

Признание

Я вас люблю, — хоть я бешусь,
Хоть это труд и стыд напрасный,
И в этой глупости несчастной
У ваших ног я признаюсь!
Мне не к лицу и не по летам...
Пора, пора мне быть умней!
Но узнаю по всем приметам
Болезнь любви в душе моей:
Без вас мне скучно, — я зеваю;
При вас мне грустно, — я терплю;
И, мочи нет, сказать желаю,
Мой ангел, как я вас люблю!
Когда я слышу из гостиной
Ваш легкий шаг, иль платья шум,
Иль голос девственный, невинный,
Я вдруг теряю весь свой ум.
Вы улыбнетесь, — мне отрада;
Вы отвернетесь, — мне тоска;
За день мучения — награда
Мне ваша бледная рука.
Когда за пяльцами прилежно
Сидите вы, склонясь небрежно,
Глаза и кудри опустя, —
Я в умиленье, молча, нежно
Любуюсь вами, как дитя!..
Сказать ли вам мое несчастье,
Мою ревнивую печаль,
Когда гулять, порой, в ненастье,
Вы собираетеся вдаль?
И ваши слезы в одиночку,
И речи в уголку вдвоем,
И путешествия в Опочку,
И фортепьяно вечерком?..

Confession

I love you, - though I rage anew
And struggle in vain, distressed,
And at your feet, I now confess
This foolishness to you!
This ill befits my age, and I…
Should know: enough's enough!
But all the symptoms here imply
That I am plagued with love:
Without you near, - I'm feeling bored;
With you, - I feel estranged now;
But I can't speak a single word
Of how I love you, angel!
When, from the living room, I hear
Your girlish laughter in the distance,
Or when I see you walking near,
I lose my mind that very instant.
You'll smile – and my joy is real;
You'll turn away – I pine;
And my reward for this ordeal –
Your pale-white hand in mine.
When by the lace frame, full of care,
You're bending carelessly, your hair
Hangs low, your eyes are mild –
I marvel at you, but don't dare
To say a word, as though a child!
Shall I confess what plagues soul
What brings me jealousy and worry,
When you are going for a stroll,
When weather's foul and stormy?
When you are all alone and crying,
And when we talk till morning light,
And when the speedy carriage's flying,
When the piano plays at night?

Алина! сжальтесь надо мною.
Не смею требовать любви.
Быть может, за грехи мои,
Мой ангел, я любви не стою!
Но притворитесь! Этот взгляд
Всё может выразить так чудно!
Ах, обмануть меня не трудно!..
Я сам обманываться рад!

1826

I only ask for your compassion.
Alina! I can't ask for love.
Throughout this life, I've sinned enough,
To not be worthy of your passion.
But try to feign it! I'm naïve.
That gaze beguiles me, believe me!
Ah, it's so easy to deceive me!...
This time, I'm glad to be deceived!

1826

***

Какая ночь! Мороз трескучий,
На небе ни единой тучи;
Как шитый полог, синий свод
Пестреет частыми звездами.
В домах всё темно. У ворот
Затворы с тяжкими замками.
Везде покоится народ;
Утих и шум, и крик торговый;
Лишь только лает страж дворовый
Да цепью звонкою гремит.

И вся Москва покойно спит,
Забыв волнение боязни.
А площадь в сумраке ночном
Стоит, полна вчерашней казни.
Мучений свежий след кругом:
Где труп, разрубленный с размаха,
Где столп, где вилы; там котлы.
Остывшей полные смолы;
Здесь опрокинутая плаха;
Торчат железные зубцы,
С костями груды пепла тлеют,
На кольях, скорчась, мертвецы
Оцепенелые чернеют...
Недавно кровь со всех сторон
Струею тощей снег багрила,
И подымался томный стон,
Но смерть коснулась к ним, как сон
Свою добычу захватила.
Кто там? Чей конь во весь опор
По грозной площади несется?
Чей свист, чей громкий разговор
Во мраке ночи раздается?

***

Oh what a night! There's biting frost,
There are no clouds on the coast;
The azure arch, a woven plaid,
Is dazzled with the frequent stars.
All homes are dark. And every gate
Is safely locked with bolts and bars.
And all is peaceful as of late.
At last, the marketplace is calm,
The guarding dog just barks alone,
And with the loud chains it rumbles.

While all of Moscow's dead in slumber,
The restlessness of fear forgetting.
The square, in murkiness of night,
Stands filled with yesterday's beheading.
The torture's imprints still abide:
Where, with a blade, a man was struck,
Where there are pitchforks, where there are
The cooled off cauldrons filled with tar;
Where there are tumbled over blocks;
And metal teeth are sticking out,
And bones with ashes are consumed,
Upon the stakes, above the ground,
Dead bodies darken from the fume...
Not long ago, fresh blood was sliding
Pigmenting snow along the way
And languid moans were rising, rising,
But death embraced them, tranquilizing,
And overtook her easy prey.
Who's there? Whose horse is it that's speeding
Across the gloomy square to fight?
Whose blaring whistle, loud speaking
Is heard in twilight of the night?

Кто сей? - Кромешник удалой.
Спешит, летит он на свиданье,
В его груди кипит желанье.
Он говорит: "Мой конь лихой,
Мой верный конь! лети стрелой!
Скорей, скорей!..." Но конь ретивый
Вдруг размахнул плетеной гривой
И стал. Во мгле между столпов
На перекладине дубовой
Качался труп. Ездок суровый
Под ним промчаться был готов.
Но борзый конь под плетью бьется,
Храпит, и фыркает, и рвется
Назад. "Куда? мой конь лихой!
Чего боишься? Что с тобой?
Не мы ли здесь вчера скакали,
Не мы ли яростно топтали,
Усердной местию горя,
Лихих изменников царя?
Не их ли кровию омыты
Твои булатные копыты!
Теперь ужель их не узнал?
Мой борзый конь, мой конь удалый.
Несись, лети !..." И конь усталый
В столбы под трупом проскакал.

1827

Who is he? – Overfilled with greed.
The brave one hurries to his date,
By his desire made irate
He pleads: "My valiant, intrepid steed,
Fly like an arrow at full speed!
Oh faster, faster!..." The ardent horse
Just swings its mane, and comes to pause.
In gloominess, between the posts
Upon the long and wooden crossbeam,
A corpse is swaying. And the horseman
Is ready to advance and cross,
But for some reason under lashes
The steed just sniffs and snorts and rushes
Back. "Where to?! Ahead, ahead!
What is with you! What is to dread?
We rode here yesterday at night,
Wasn't it us who stomped with pride,
Inflamed with vengeance from afar,
The evil traitors of the czar?
Remember, it's their blood we used
To wash and clean your steely hooves?!
Have you forgotten all, with spite?
My daring steed, this is your course
Now gallop, fly..." The tired horse,
Beneath the corpse, begins her stride.

1827

Поэт

Пока не требует поэта
К священной жертве Аполлон,
В заботах суетного света
Он малодушно погружен;
Молчит его святая лира;
Душа вкушает хладный сон,
И меж детей ничтожных мира,
Быть может, всех ничтожней он.
Но лишь божественный глагол
До слуха чуткого коснется,
Душа поэта встрепенется,
Как пробудившийся орел.
Тоскует он в забавах мира,
Людской чуждается молвы,
К ногам народного кумира
Не клонит гордой головы;
Бежит он, дикий и суровый,
И звуков и смятенья полн,
На берега пустынных волн,
В широкошумные дубровы...

1827

The Poet

Until the poet's summoned thus
By great Apollo to be martyred,
Within the world of bustling fuss
He stays immersed and faint-hearted;
His lyre's silent, hushed and cold,
His soul lies deep in wintry slumber,
Among the humble of the world
He is, for now, perhaps, most humble.
But let the Word divinely drop
And on his harking ears fall lightly,
The poet's soul will rouse timely,
As though an eagle, woken up.
He's bored of usual diversion,
He longs for simple speech instead,
And to the feet of idols worshiped
He never bows his proud head.
Instead he runs, untamed and brave,
Full of sweet sounds and confusion,
Across the shores with endless waves,
Into the noisy grove's seclusion...

1827

Талисман

Там, где море вечно плещет
На пустынные скалы,
Где луна теплее блещет
В сладкий час вечерней мглы,
Где, в гаремах наслаждаясь,
Дни проводит мусульман,
Там волшебница, ласкаясь,
Мне вручила талисман.

И, ласкаясь, говорила:
"Сохрани мой талисман:
В нем таинственная сила!
Он тебе любовью дан.
От недуга, от могилы,
В бурю, в грозный ураган,
Головы твоей, мой милый,
Не спасет мой талисман.

И богатствами Востока
Он тебя не одарит,
И поклонников пророка
Он тебе не покорит;
И тебя на лоно друга,
От печальных чуждых стран,
В край родной на север с юга
Не умчит мой талисман...

Но когда коварны очи
Очаруют вдруг тебя,
Иль уста во мраке ночи
Поцелуют не любя -

The talisman

Where sea waves crash against
The barren cliffs with all their might,
Where the glowing moon enchants
In the twilight of the night,
Where, in a harem, a Muslim, daily
Spends his time without a care,
The sorceress, caressing, gave me
A sacred talisman to wear.

And then, embracing me, she said:
"It contains mysterious force!
Cherish it and keep it safe!
Understand that love's its source.
Also know - it can't prevent
Sudden death or serious illness,
It cannot protect you head
From the hurricane or tempest.

It cannot bestow upon you
All the riches of the East,
Prophet's crowds won't applaud you
Or obey you in the least.
It cannot transport you forth
From the gloomy foreign lands,
From the south to the north,
Home to be embraced by friends...

But whenever cunning eyes
Charm you and you can't resist,
Or hiding in the night's disguise,
Wicked lips aim for your lips,

Милый друг! от преступленья,
От сердечных новых ран,
От измены, от забвенья
Сохранит мой талисман!"

1827

Then, this talisman will guard
From dishonesty, my friend!
And protect your fragile heart,
From betrayals and neglect!"

1827

Цветок

Цветок засохший, безуханный,
Забытый в книге вижу я;
И вот уже мечтою странной
Душа наполнилась моя:

Где цвел? когда? какой весною?
И долго ль цвел? и сорван кем,
Чужой, знакомой ли рукою?
И положен сюда зачем?

На память нежного ль свиданья,
Или разлуки роковой,
Иль одинокого гулянья
В тиши полей, в тени лесной?

И жив ли тот, и та жива ли?
И нынче где их уголок?
Или уже они увяли,
Как сей неведомый цветок?

1828

A Flower

A withered flower lies forgotten
Inside a book, before my eyes:
My soul awakes, all of the sudden,
And I begin to fantasize:

Where did it grow? Among which plants?
How long ago? And picked by whom,
By foreign or familiar hands?
Did it already start to bloom?

Placed here in tribute to a date,
Or to a fateful separation?
Or to a stroll under the shade,
Alone, without a destination?

Is he or she alive today?
Where did they find their hidden nook?
Or did they also fade away,
Just like this flower in the book?

1828

***

Я вас любил: любовь еще, быть может,
В душе моей угасла не совсем;
Но пусть она вас больше не тревожит;
Я не хочу печалить вас ничем.
Я вас любил безмолвно, безнадежно,
То робостью, то ревностью томим;
Я вас любил так искренно, так нежно,
Как дай вам Бог любимой быть другим.

1829

***

I loved you: and perhaps this flame
Has not gone out completely in my soul;
No longer shall it ever cause you pain;
I do not want to sadden you at all.
I loved you frantically, without reserve,
At times too jealous, and at times too shy,
I pray to God you get what you deserve -
Another man with love as true as mine.

1829

Зимнее утро

Мороз и солнце; день чудесный!
Еще ты дремлешь, друг прелестный
Пора, красавица, проснись:
Открой сомкнуты негой взоры
Навстречу северной Авроры,
Звездою севера явись!

Вечор, ты помнишь, вьюга злилась,
На мутном небе мгла носилась;
Луна, как бледное пятно,
Сквозь тучи мрачные желтела,
И ты печальная сидела –
А нынче... погляди в окно:

Под голубыми небесами
Великолепными коврами,
Блестя на солнце, снег лежит;
Прозрачный лес один чернеет,
И ель сквозь иней зеленеет,
И речка подо льдом блестит.

Вся комната янтарным блеском
Озарена. Веселым треском
Трещит затопленная печь.
Приятно думать у лежанки.
Но знаешь: не велеть ли в санки
Кобылку бурую запречь?

Winter morning

Cold frost and sunshine: day of wonder!
But you, my friend, are still in slumber -
Wake up, my beauty, time belies:
You dormant eyes, I beg you, broaden
Toward the northerly Aurora,
As though a northern star arise!

Recall last night, the snow was whirling,
Across the skyline, haze was twirling,
The moon, as though a pale dye,
Emerged in yellow through faint clouds.
And there you sat, immersed in doubts -
And now... just look outside:

The snow below the azure skies,
As though a magic carpet lies,
And in the light of day it shimmers.
The woods are dusky. Through the frost
The light-green fir-trees are exposed;
And under ice, a river glitters.

The room is lit with amber light.
And bursting, popping with delight
The oven rattles in a fray.
While it is nice to hear its clatter,
Perhaps, we should command to saddle
A fervent mare into the sleight?

Скользя по утреннему снегу,
Друг милый, предадимся бегу
Нетерпеливого коня
И навестим поля пустые,
Леса, недавно столь густые,
И берег, милый для меня.

1829

And sliding on the morning snow
Dear friend, we'll let our worries go,
And with the zealous mare we'll flee.
We'll visit open valleys, thence,
The forests, which were once so dense,
And then the shore, so dear to me.

1829

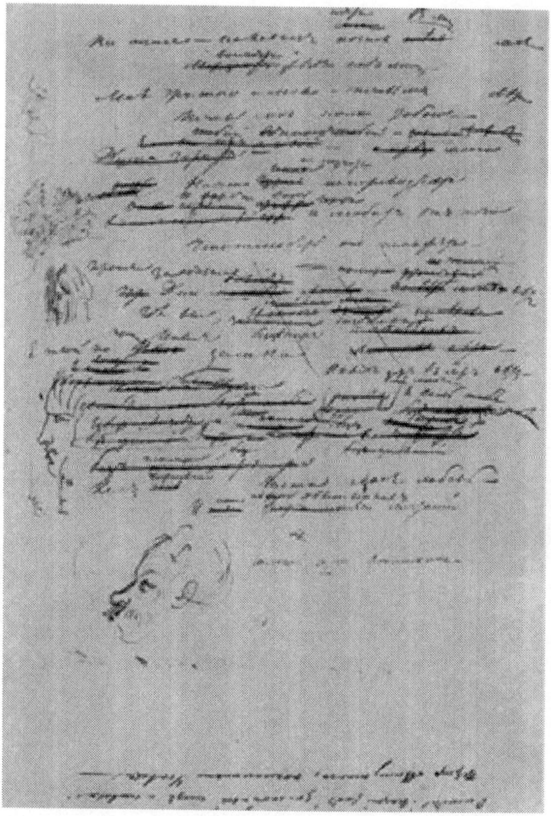

***

На холмах Грузии лежит ночная мгла;
       Шумит Арагва предо мною.
Мне грустно и легко; печаль моя светла;
       Печаль моя полна тобою,
Тобой, одной тобой... Унынья моего
       Ничто не мучит, не тревожит,
И сердце вновь горит и любит — оттого,
       Что не любить оно не может.

1829

***

The hills of Georgia greet the gloomy night
      And the Aragva roars beneath me.
I feel so sad and free; my sorrow's bright;
      It's overfilled with you, believe me,
With you, and only you... My melancholy
      Is undisturbed and peaceful today,
My heart now burns anew and loves in folly,
      And all because it knows no other way.

1829

Поэту

Поэт! не дорожи любовию народной.
Восторженных похвал пройдет минутный шум;
Услышишь суд глупца и смех толпы холодной,
Но ты останься тверд, спокоен и угрюм.

Ты царь: живи один. Дорогою свободной
Иди, куда влечет тебя свободный ум,
Усовершенствуя плоды любимых дум,
Не требуя наград за подвиг благородный.

Они в самом тебе. Ты сам свой высший суд;
Всех строже оценить умеешь ты свой труд.
Ты им доволен ли, взыскательный художник?

Доволен? Так пускай толпа его бранит
И плюет на алтарь, где твой огонь горит,
И в детской резвости колеблет твой треножник.

1830

To the Poet

Poet, though people praise you, don't feel proud.
A minute later, people's praise can disappear.
Hearing the verdict of a fool and laughing crowds,
You must remain unmoved, and calm, and clear.

You are a czar: live on your own. Wander about
Wherever boundless musings guide your way,
Refine the fruits of your dear thoughts each day,
Don't seek rewards or strive to be renowned.

Yourself, you are the most supreme of courts;
You pass the strictest verdicts on your works.
Determined artist, are you satisfied?

If you are pleased, let crowds be profane,
And shame the altar, spit into the flame,
And shake your tripod with a childish delight.

1830

Элегия

Безумных лет угасшее веселье
Мне тяжело, как смутное похмелье.
Но, как вино — печаль минувших дней
В моей душе чем старе, тем сильней.
Мой путь уныл. Сулит мне труд и горе
Грядущего волнуемое море.

Но не хочу, о други, умирать;
Я жить хочу, чтоб мыслить и страдать;
И ведаю, мне будут наслажденья
Меж горестей, забот и треволненья:
Порой опять гармонией упьюсь,
Над вымыслом слезами обольюсь,
И может быть — на мой закат печальный
Блеснет любовь улыбкою прощальной.

1830

Elegy

From the elation of the years that faded,
As though from drinking, I feel wearied, jaded.
But still, the sorrow of lost years—like wine,
Grows only stronger in my soul with time.
My road is gloomy. Only work and sorrow
Are promised by the raging seas of morrow.

But, o my friends, I do not want to leave!
I want to be alive, to think and grieve;
And I predict, that I will find some pleasure
Amidst anxiety, amidst the stress and pressure.
Some day, perhaps, I'll find my harmony,
And only lukewarm tears will comfort me,
And love will flash her smile once again
In farewell to illumine my descent.

1830

Стихи, сочиненные ночью во время бессонницы

Мне не спится, нет огня;
Всюду мрак и сон докучный.
Ход часов лишь однозвучный
Раздается близ меня.
Парки бабье лепетанье,
Спящей ночи трепетанье,
Жизни мышья беготня...
Что тревожишь ты меня?
Что ты значишь, скучный шопот?
Укоризна, или ропот
Мной утраченного дня?
От меня чего ты хочешь?
Ты зовешь или пророчишь?
Я понять тебя хочу,
Смысла я в тебе ищу...

1830

Verses, composed during a sleepless night

I can't sleep, the light is out;
Chasing senseless dreams in gloom.
Clocks at once, inside my room,
Somewhere next to me, resound.
Parcae's soft and mild chatter,
Sleeping twilight's noisy flutter,
Life's commotion -- so insane..
Why am I to feel this pain?
What's your meaning, boring mumble?
Disapproving, do you grumble
Of the day I spent in vain?
What has made you so compelling?
Are you calling or foretelling?
I just want to understand,
Thus I'm seeking your intent...

1830

***

Пора, мой друг, пора! покоя сердце просит —
Летят за днями дни, и каждый час уносит
Частичку бытия, а мы с тобой вдвоем
Предполагаем жить, и глядь — как раз умрем.

На свете счастья нет, но есть покой и воля.
Давно завидная мечтается мне доля —
Давно, усталый раб, замыслил я побег
В обитель дальнюю трудов и чистых нег.

1834

***

My friend, it's time! The heart demands a break -
Day after day flies by, and every hour takes
A bit of being from us, while you and I
Make plans to live together – we may die.

There is no happiness, but there is peace of heart.
So many years I've dreamt about this part –
So many years, a tired slave, I planned my flight
Someplace where I will work to my delight.

1834

Biography[*]

Alexander Sergeyevich Pushkin, 1799-1837, Russian poet and prose writer, among the foremost figures in Russian literature. He was born in Moscow of an old noble family; his mother's grandfather was Abram Hannibal, the black general of Peter the Great. Pushkin showed promise as a poet during his years as a student in a lyceum for young noblemen.

After a riotous three years in St. Petersburg society, Pushkin was exiled to S Russia in 1820. His offenses were the ideas expressed in his *Ode to Liberty* and his satirical verse portraits of figures at court. The same year his fairy romance *Russlan and Ludmilla* was published; Glinka later adapted it as an opera. In exile Pushkin was strongly moved by the beauty of the Crimea and the Caucasus. The poems *The Prisoner of the Caucasus* (1822) and *The Fountain of Bakhchisarai* (1824) describe his response to this beauty and reveal the influence of Byron . *The Gypsies* (1823-24) expresses Pushkin's yearning for freedom. In 1824 he was ordered to his family estate near Pskov, where he remained under the supervision of the emperor until he was pardoned in 1826.

Pushkin established the modern poetic language of Russia, using Russian history for the basis of many works, including the poems *Poltava* (1828) and *The Bronze Horseman* (1833), glorifying Peter the Great; *Boris Godunov* (1831), the tragic historical drama on

---

[*] Biography Source:
The Columbia Encyclopedia, Sixth Edition 2008

which Moussorgsky based an opera; and two works on the peasant uprising of 1773-75, *The Captain's Daughter* (a short novel, 1837) and *The History of the Pugachev Rebellion* (1834). Pushkin's masterpiece is *Eugene Onegin* (1823-31), a novel in verse concerning mutually rejected love. A brilliant poetic achievement, the work contains witty and perceptive descriptions of Russian society of the period.

Pushkin's other major works include the dramas *Mozart and Salieri* and *The Stone Guest* (both 1830); the folktale *The Golden Cockerel* (1833), on which Rimsky-Korsakov based an opera; and the short stories *Tales by Belkin* (1831) and *The Queen of Spades* (1834). Tchaikovsky based operas on both *Eugene Onegin* and *The Queen of Spades*. Pushkin died as a result of a duel with a young French émigré nobleman who was accused, in anonymous letters to the poet, of being the lover of Pushkin's flirtatious young wife. He was buried secretly by government officials whom Lermontov, among others, accused of complicity in the affair. Most of Pushkin's writings are available in English.

15905231R00054

Made in the USA
Lexington, KY
23 June 2012